SUPPLÉMENT

AUX

QUESTIONS

SUR LA PEINE DE MORT.

IMPRIMERIE DE A. FIRMIN DIDOT,
RUE JACOB, N° 24.

SUPPLÉMENT

AUX

QUESTIONS

SUR LA PEINE DE MORT,

OU

EXAMEN DES PRINCIPALES OPINIONS ÉMISES DANS LA SÉANCE DE LA CHAMBRE DES DÉPUTÉS DU 27 SEPTEMBRE,

RELATIVEMENT A LA MISE EN ACCUSATION DES MINISTRES.

PAR LE BARON MASSIAS.

« La justice qui n'est pas personnifiée dans une loi court
« risque de n'être que de l'arbitraire, et c'est une calamité
« publique qu'on puisse douter de la justice. »

Prix : 1 franc.

A PARIS,
CHEZ FIRMIN DIDOT FRÈRES, LIBRAIRES,
RUE JACOB, N° 24.

1830.

On trouve chez F. Didot, du même auteur, *Questions sur la révolution de* 1830; *Questions sur la peine de mort*, ainsi que ses ouvrages philosophiques.

Et chez Dentu et les principaux libraires du Palais-Royal.

SUPPLÉMENT

AUX

QUESTIONS

SUR LA PEINE DE MORT.

Dans la séance de la Chambre des députés du 27 septembre, trois opinions ont partagé les esprits de l'assemblée ; elles appartiennent à MM. Berryer, Villemain, et Mauguin qui n'a fait qu'appuyer les idées de la commission chargée du rapport sur la mise en accusation des ministres. Ces trois opinions, consciencieusement et rigoureusement analysées, se résolvent dans les trois questions suivantes :

1re question, relative à l'opinion de M. Berryer : *La cessation de l'inviolabilité royale a-t-elle dû produire la cessation de la responsabilité ministérielle?* Cette question a deux faces, dont l'une se rapporte à un état de cause dans lequel la raison veut qu'on réponde par l'affirmative, tandis que, dans l'autre, elle veut qu'on réponde négativement.

Supposons, pour le premier cas, que le cours naturel des événements sociaux ait amené des changements dans les principes constitutifs d'un état libre, et que le pouvoir exécutif, par concession ou par usurpation, soit devenu illimité et indépendant dans ses actes. Le roi seul alors est responsable, et l'on serait injuste d'imputer aux ministres les actes qu'ils n'ont ni mission ni pouvoir d'empêcher. Aussi il arrive souvent que la fortune des vizirs survit à la fin naturelle ou tragique de leurs maîtres.

Mais dans la seconde hypothèse, qui est celle où se trouvent les ministres accusés, l'autorité du pouvoir exécutif étant bornée par le pacte social, il ne leur a fallu, pour en empêcher la violation, que de vouloir l'empêcher; à cet effet, il leur suffisait de refuser de signer ou de donner leur démission. Si, par son parjure et les ordonnances parricides, Charles X a perdu son inviolabilité, ce fait est le fait même des ministres; s'il a cessé d'être inviolable, c'est qu'ils n'ont point osé lui résister. Prendrez-vous dans la violation du plus sacré de tous les devoirs les motifs de les absoudre? Leur faiblesse sera-t-elle leur justification? Direz-vous qu'ils sont inviolables parce qu'ils ont fait perdre l'inviolabilité à leur roi, en le secondant dans ses tentatives liberticides, ce que sans eux jamais il n'aurait pu exécuter? Dans le crime même en trouveront-ils l'expiation? — Voici un dilemne auquel le sophisme ne peut échapper :

Ou Charles X seul, par sa propre impulsion, ses propres moyens, son autocratie, l'indépendance de sa volonté, a porté et mis à exécution les fatales ordonnances, et *alors les ministres sont absous;* ou les ministres ont signé et fait exécuter les ordres qu'ils ont signés, et *alors les ministres sont coupables.* — Ils ont signé; ils ont donné les ordres conformes à leurs signatures : ils sont dans la seconde partie du dilemne.

A présent écoutons M. Berryer, qui, quoi qu'il en ait dit, n'est point sans *affection*, car ses paroles sont trop honorables pour ne pas être sorties de son cœur; mais qui peut être sans *crainte* (1), car, que craindre lorsque, dans le

(1) Voyez le discours de M. Berryer dans le *Journal des Débats*.

calme de la paix et le silence des passions, devant une honorable assemblée, en présence de la généreuse France, on parle en faveur des vaincus, auxquels le vainqueur a pardonné sur le champ de bataille? « On veut que vous accu-« siez les ex-ministres de haute trahison! Envers « qui? envers le roi qui a été précipité du trône, « ou envers celui que vous venez d'y appeler? « contre l'ordre de choses que le peuple a détruit, « ou contre celui que vous venez de créer? con-« tre la Charte, dont vous-même avez renversé « le principe fondamental, changé le caractère, « modifié les dispositions? » Les ex-ministres sont accusés de haute trahison envers la nation, dont le roi faisait partie et dont il était le chef; envers le roi actuel, dont ils ont compromis l'existence naturelle et sociale; envers l'ordre de choses qui fondait la sécurité publique, et qui, par leur méfait, a été livré aux chances du hasard; envers la Charte, dont la France était menacée de se voir dépouiller. Prétendriez-vous, par hasard, que la victoire qui nous a donné un code social plus parfait et un roi-citoyen, soit un titre pour justifier les ministres qui ont voulu détruire la Charte, et faire d'un roi constitutionnel un roi *net*, un roi absolu?

« En déclarant la vacance du trône, en frap-

« pant le roi lui-même par la perte de ses droits, « en le frappant jusque dans sa postérité, vous « avez réputé qu'il avait voulu, commandé, exigé; « et vous ne pouvez désormais punir ses mi- « nistres de leur obéissance. » Obéissance qui, en le précipitant du trône, a mis en question la liberté, le bien-être et la sûreté de la France.

« La plus belle couronne de l'univers tombée « du front de l'héritier de tant de rois! » Dites : la couronne qu'il a arrachée opiniâtrément de dessus sa tête, et qu'il a violemment jetée loin de lui. La France ne l'a point ramassée; elle en a fait une autre

« Le caractère d'un prince si loyal et si humain « douloureusement compromis! » Prince loyal qui se parjure! Prince humain qui ordonne des parties de plaisir au bruit du canon qui mitraille ses sujets!..... Et les dix mille citoyens tués ou blessés par suite des ordres qu'il a donnés ou laissé donner, M. Berryer n'a point de *douleurs* pour eux! Tout entier à l'infortune du grand coupable, il n'a aucune larme pour ses concitoyens morts pour la patrie en repoussant une injuste agression. *Num lacrymas victus dedit?*

« Depuis que la proposition que nous exami- « nons aujourd'hui a été soumise à la Chambre, « quatre-vingt-treize pairs de France ont été, par

« vous, dépouillés des droits de la pairie. » Une modification éventuelle survenue dans un tribunal ne le rend pas incapable de rendre justice. La Chambre actuelle des pairs n'est ni une chambre ardente ni une commission; ce n'est point pour qu'elle juge iniquement qu'elle a été modifiée; c'est plutôt pour que, affranchie des influences du pouvoir, elle suive uniquement les inspirations de l'équité. J'ose dire que les ex-ministres eux-mêmes, si le tribunal devant lequel ils doivent être traduits était à leur choix, ne prendraient pas d'autres juges.

2e QUESTION, relative à l'opinion de M. Villemain : *Dans l'absence d'une loi sur la responsabilité des ministres, la Chambre des pairs agissant comme jury national, et comme un des trois pouvoirs de l'état, peut-elle en faire une* AD HOC, *pour le cas échu, et l'appliquer aux ministres après les avoir jugés ?* Nous pensons que l'excellent esprit de M. Villemain, si heureusement servi par une brillante élocution, a été cette fois mis en défaut par le besoin d'une improvisation urgente sur une matière des plus ardues : « La Chambre des pairs, a-t-il dit, jugeant comme pouvoir politique peut appli- « quer la peine sans la lire dans la loi. » Où la lira-t-elle donc cette loi pour l'appliquer et y conformer la peine? Dans la conscience de chaque pair, sans doute. Alors chaque pair est législateur; alors un seul des trois pouvoirs de l'état fait la loi; alors dans un seul pouvoir est la confusion de tous les pouvoirs. Au pouvoir de jury, de cour judiciaire, la Chambre des pairs joindra le pouvoir législatif, et par une conséquence nécessaire de cette fatale aberration des principes, celui même de pouvoir exécutif; car sa sentence sera sans appel, et *ipso facto* exécutoire. Telle n'est pas la véritable théorie du pouvoir de la Chambre des pairs agissant comme jury national et comme tribunal judiciaire. En sa première qualité, elle prononce sur l'existence ou la non-existence du fait qui forme le corps du délit; dans la seconde qualité, elle prononce la peine que la loi existante inflige au fait dont elle a reconnu la réalité. Si, dans les circonstances analogues, la Chambre des pairs CRÉAIT LA LOI, on n'aurait pas besoin d'une loi sur la responsabilité des ministres faite par les trois pouvoirs de l'état. La volonté de la Chambre des pairs suffirait. Ceci nous mène à une nouvelle question dans laquelle réside la véritable difficulté que présente le jugement à rendre dans la mise en accusation des ministres.

3e QUESTION, relative à l'opinion de M. Mauguin : *Dans l'absence d'une loi expresse sur la responsabilité des ministres, la Chambre des pairs peut-elle leur appliquer les dispositions du Code civil analogues aux délits dont ils sont accusés?* Oui, oui, s'est-on écrié dans quelques parties de l'assemblée ! « J'entends dire qu'oui, a ré-
« pondu M. Mauguin, membre de la commission
« d'accusation, mais la Chambre des pairs *peut*
» *aussi adopter une opinion contraire.* »

« La Chambre des pairs, avait dit un peu au-
« paravant M. Villemain, n'en jugera point (du
« crime des ministres) par des articles du Code
« pénal *dont l'application est contestable.* »

Les défenseurs des ex-ministres peuvent en appeler à la conscience de la France et à celle de la Chambre des députés, pour démontrer que l'application des dispositions du Code civil au crime de haute trahison pour lequel les accusés sont poursuivis est au moins *contestable.* Vingt fois, pourront-ils dire, les citoyens, vingt fois la Chambre entière des députés ont demandé qu'il fût fait une loi sur la responsabilité ministérielle ; la promesse de la présentation de cette loi a autant de fois calmé l'impatience des esprits. Pourquoi tant desirer cette loi? Quelle nécessité urgente de la présenter, si son équivalent existe dans quelques articles du Code civil? A quoi bon demander qu'on fasse une chose déja faite? Ce qu'on possède le réclame-t-on par des instances réitérées?

On peut donc affirmer avec vérité que la légitimité de l'application de certains articles du Code civil au crime de haute trahison ministérielle n'est point claire, nette, évidente, et qu'elle est sujette à litige et à controverse. Dans le doute, qui osera assumer sur soi une telle responsabilité? dans le doute, qui ne s'abstiendra? qui n'invoquera cet axiome de miséricorde, qu'*il faut étendre la mesure de la clémence et restreindre celle de la rigueur?* Eh quoi! c'est à l'époque même où une jeunesse enthousiaste du beau et du bon, où un grand nombre de membres les plus recommandables de la Chambre des députés, outrant, à notre avis, les sentiments et les principes de philanthropie, demandent l'abolition totale et sans exception de la peine de mort, que la Chambre des pairs la prononcerait contre sept ministres, dont plusieurs sont leurs collégues (car ils sont pairs jusqu'après la sentence), en leur appliquant une loi qui a été faite pour d'autres que pour des pairs et des ministres? L'oubli de la moindre formalité suffit pour annuler un jugement; que sera-ce de l'omission, de l'absence totale d'une loi directement applicable aux personnes et à l'espèce des délits? La justice qui n'est point personnifiée dans une loi court risque d'être taxée d'arbitraire, et c'est une calamité publique qu'on puisse douter de la justice. Observons que l'opinion de M. Villemain, qui veut que les pairs fassent la loi, et celle de la commission de la Chambre des députés, qui dit que la loi existe dans les articles du Code civil, se détruisent réciproquement.

Vous réclamez donc, nous dira-t-on, l'impunité pour le plus grand des crimes dont vous ne niez pas l'existence? Quelle impunité, grand Dieu!... Que la Chambre des pairs, formée en jury, prononce le mot COUPABLE! une sorte de malédiction tombe à l'instant comme la foudre sur les ex-ministres, *coupables* d'avoir voulu ôter la liberté et l'existence morale à la première des nations, à la mère commune? Quels vautours attachés à leurs cœurs depuis que le prestige des grandeurs évanoui les a laissés rentrer en eux-mêmes! quelles angoisses en traversant la foule indignée! quelle humiliation dans ces longues voitures où, comme des êtres malfaisants, ils ont été exposés et dérobés aux regards du public! quelle attente et quels rêves dans leurs jours et leurs nuits de prison! quelles douleurs et quelle honte dans leurs interrogatoires, et leur face à face avec le public! COUPABLES!... les voilà dans un cas exceptionnel de haute police, ayant à jamais perdu les droits de citoyens, étrangers dangereux, et sous la main du gouvernement qui en délivre notre sol. Perdre sa belle patrie est perdre plus que la vie : quelque cléments que nous soyons, s'ils ferment les yeux loin du pays qui les a vus naître, non, certes, ils ne mourront pas impunis.

Convaincu, comme je le suis, que leur condamnation à mort manquant de légalité, et n'étant justifiée, ni par la passion du moment, ni par l'exigence des mœurs actuelles, et pouvant ressembler à un acte de vengeance froide et calculée, obscurcirait la gloire de notre révolution, consacrée par la clémence et la générosité, et nous en ôterait le prix aux yeux de l'Europe. J'essaierai de donner quelque autorité à ma faible voix, en disant que je ne connais ni n'ai connu aucun des ex-ministres; que, dans mes relations avec le ministère des affaires étrangères, je n'ai point eu à me louer de M. le prince de Polignac, bien que j'eusse des droits à sa bienveillance en raison des services essentiels que j'avais rendus du temps de l'empire à un de ses proches parents, ce dont fait foi une lettre autographe qui est entre mes mains. Si donc je cherche à détourner de leurs têtes la peine capitale, c'est moins pour eux, que parce que je suis Français, et que j'aime avant tout ce qui est vrai, honorable et généreux. Si l'on me demande de qui je tiens la mission de prévenir, par mes théories, le jugement du premier tribunal de l'état, je répondrai que j'ai reçu mon mandat de ma qualité d'homme et de citoyen français, et que j'y serai fidèle tant que mes forces me le permettront.

Paris, 1er octobre 1830.

FIN.

www.ingramcontent.com/pod-product-compliance
Lightning Source LLC
LaVergne TN
LVHW010344230826
846091LV00009B/4019